Buchweizen

Gabriele Kalmbach

Mit Illustrationen von
Linda Wolfsgruber

mandelbaums *kleine gourmandisen*
N° 53

9 783991 360391

www.mandelbaum.at
www.mandelbaum.de
ISBN 978-3-99136-039-1

1. Auflage 2024
Lektorat: Margot Fischer
Satz und Umschlaggestaltung: Michael Baiculescu
Illustrationen: Linda Wolfsgruber
Druck: Interpress, Budapest

VORNEWEG

Im Sommerurlaub in der Bretagne ist mir Buchweizen zum ersten Mal begegnet. Als seltene Ausnahme unter den meisten Heranwachsenden mochte ich außer Eiscreme nichts Süßes, und ich erinnere mich an die beglückende Entdeckung, dass es nicht nur süße *crêpes* gab, sondern auch knusprige *galettes* aus dem dunklen Buchweizenmehl. Das »Signaturgericht« der Bretagne lernt man in der herzhaften Variante von seiner besten Seite kennen: Ich habe im Finistère ganz im Westen Frankreichs schon fantastische Galettes gegessen, nur mit Algentatar und Lachsbutter beispielsweise, am liebsten aber als Klassiker *jambon-fromage* ganz simpel mit Emmentaler Käse und gekochtem Schinken. Auf den Speisenkarten der Crêperien stehen für den großen Appetit auch weit aufwendigere Galettes, gefüllt mit Hering und Kartoffeln oder Spinat und Ei, mit Lachs, Jakobsmuscheln oder Ziegenkäse, Wurst oder Hühnchen. Die Füllung lässt sich unendlich abwandeln – dem Erfindungsreichtum der Crêpiers sind kaum Grenzen gesetzt. Das klassische Getränk dazu ist der aus Apfelmost erzeugte moussierende Cidre. Bei den süßen Crêpes aus hellem Weizenmehl, die anschließend als Nachtisch bestellt werden, geht es dann knallsüß zu, mit Eiscreme, Schoko- oder Karamellsauce und Schlagsahne, und gern auch mal mit Cognac oder Calvados flambiert. Ich verzichte nach wie vor gern darauf, sorge dafür stets für Erstaunen, wenn ich als Dessert eine Galette mit Käse bestelle.

Früher hatten junge bretonische Bräute ihre hausfraulichen Fähigkeiten unter Beweis zu stellen, indem sie am Tag ihrer Hochzeit eine Crêpe backen mussten. Gelang ihnen das schwungvolle Umwenden besonders perfekt, war das ein gutes Omen für die Ehe. Was so

leicht aussieht, braucht durchaus eine gewisse Kunstfertigkeit und etwas Routine. Aus eigener Erfahrung bestätigen kann ich, dass das Backen hauchdünner Crêpes und Galettes nicht auf Anhieb gelingt – es dauert etwas bis zum perfekten Ergebnis (Sie schmecken aber auch unvollkommen sehr gut). Erlernen lässt sich die Zubereitung im »Atelier de la Crêpe« in Saint-Malo, wo Profis Hobbyköchen das Backen der bretonischen Nationalspeise beibringen und Kollegen zum Crêpier fortbilden.

Doch es hat noch einige weitere Jahre gedauert, bis ich auch die Vorzüge der ganzen Körner entdeckte und noch länger, bis ich blühenden Buchweizen tatsächlich auf Feldern gesehen habe. In früheren Jahrhunderten wurde in der Bretagne viel Buchweizen kultiviert, insbesondere auf sandigen Böden, wo die anspruchslose Pflanze gut gedeiht. Noch bis in die 1960er-Jahre betrug die Anbaufläche rund 160.000 Hektar, zwei Jahrzehnte später war er so gut wie verschwunden. Rentablere Nutzpflanzen wie etwa Kartoffeln oder Mais verdrängten den Buchweizen von den heimischen Äckern. Gegenwärtig werden in der Bretagne jährlich rund 12.000 Tonnen Buchweizen verbraucht, aber nur ein Viertel davon selbst angebaut, der Rest wird importiert, vor allem aus China und Osteuropa. Allerdings ist ein Kurswechsel zu verzeichnen, Bauern und Müller besinnen sich auf die für die Bretagne einst so typische Pflanze. Heute bauen etwa 1.400 bretonische Landwirte wieder Buchweizen an – auch ein Beitrag zur Biodiversität der Agrarlandschaft, denn die Blüten sind für Bienen eine gern besuchte Nahrungsquelle. Und das Mehl, *la farine blé noir de Bretagne*, hat 2010 mit einem IGP-Siegel (Indication Géographique Protégée) eine geschützte Herkunftsbezeichnung erhalten, womit Wertschätzung für ein regionales Produkt und das damit verbundene Know-How für Anbau und Müller-Handwerk ausgedrückt wird.

HERKUNFT UND GESCHICHTE DES SARAZENENKORNS

In Frankreich wird der Buchweizen außer als *blé noir* (schwarzer Weizen) auch als *sarrasin*, in früheren Zeiten recht vielsagend als *blé de barbaris* bezeichnet, in Italien als *grana saraceno*, in Spanien als *alforfón* oder *trigo sarraceno*, ein kleiner Hinweis auf seine Herkunft, ebenso wie die volkstümlichen deutschen Bezeichnungen Heidenkorn, Tataren- oder Türkenkorn darauf verweisen, dass er noch lange als fremdes Gewächs galt. Das »Sarazenenkorn« stammt ursprünglich aus Asien, von den Steppen höher gelegener Gebirgsländer, und gelangte im Mittelalter vermutlich von China und Tibet über die Mongolei und Russland nach Mittel- und Westeuropa. Die ältesten archäologischen Funde in China deuten daraufhin, dass Buchweizen schon 2600 v. u. Z. kultiviert wurde, in Japan fand man Pollen aus der Epoche um 4000 v. u. Z., doch geht man davon aus, dass die Wildpflanze bereits um 6000 v. u. Z. in der chinesischen Region Yunnan als Urahn heutiger Pflanzen domestiziert wurde.

In Europa ist Buchweizen schon seit dem Mittelalter bekannt. Die ersten Erwähnungen in unseren Breiten scheinen in Chroniken von Ende des 14. Jahrhunderts aus Nürnberg und dem Leinetal auf, urkundliche Belege aus Österreich stammen aus der Mitte des 15. Jahrhunderts. Bevor die Kartoffel ihn im Laufe des 19. Jahrhunderts auf dem bäuerlichen Speisezettel ersetzte, wurde Buchweizen in ganz Europa in Gebieten angebaut, deren sandige, nährstoffarme Böden sich für andere landwirtschaftliche Nutzung kaum eigneten, in Deutschland beispielsweise in der Niederlausitz und der Lüneburger Heide. Lange Zeit war das Heidenkorn, auch Heidegraupen genannt, ein klassisches Arme-Leute-Mahl und als »Schwarzweizen« und »Mehlfrucht« eine wichtige und weit verbreitete Nahrungsquelle für all diejenigen, die sich kein Brot leisten konnten. In ganz Europa er-

nährte sich die Landbevölkerung von Breikost und dicken Suppen, eine eintönige, oft auch fade Küche. Heute denkt vermutlich jeder bei »Brei« nur an Babykost, doch früher wurde nicht nur Buchweizen täglich als Brei verzehrt, Mus- und Breigetreide – im Gegensatz zu Brotgetreide – waren daneben auch Hafer und Hirse.

In seiner Sozialgeschichte schreibt der Historiker Fernand Braudel, dass die Kornäcker in Frankreich während des ganzen 18. Jahrhunderts etwa zur Hälfte mit »Brotgetreide« Weizen und Roggen bestellt waren, zur anderen Hälfte mit »minderem Korn«, also Buchweizen, Gerste, Hirse und Hafer. Weißbrot war das »Herrenbrot«, denn der blütenweiße Weizen war so rar wie teuer und blieb den Reichen vorbehalten. Da nie ein Überfluss an Brotgetreide geherrscht habe, passten sich die Menschen dem Getreidemangel an, indem sie Ersatzmehl aus Buchweizen und Maronen herstellten, um daraus Pfannkuchen oder Fladen zu backen oder es zu Knödeln zu verarbeiten. Buchweizennudeln sind eine Spezialität im Schweizer Wallis, in Graubünden und im Tessin bereitet man Polenta mit Buchweizen zu. Auch in den Ostalpen Österreichs, in Slowenien und auf der Südseite der Alpen waren Speisen aus Buchweizen fester Bestandteil der Alltagsküche. Selbst Italien ist ein Buchweizenland, zumindest im Norden. Oft mit Schweineschmalz zubereitet, lieferten Hirsemus, Buchweizen- oder Haferbrei den Bauern und Feldarbeitern Kraft und Energie für ihre schwere Arbeit. Gebräuchliche Bezeichnungen im Alpenraum waren Schwarzplente, Schwarzes Welschkorn, Schwarzpolenta oder türkischer Weizen. Das Schälen erfogte früher in gemeinschaftlicher Arbeit: Im Winter breitete die Bauernfamilie das Erntegut um den warmen Stubenofen aus, und alle traten mit schweren Holzschuhen auf den Körnern herum, bis die Schalen sich von den Samen trennten.

Ob Hirse, Hafer oder Buchweizen, sie alle entwickelten sich vom Nahrungsmittel zu Futterpflanzen, wurden im Lauf der Zeit die »armen Verwandten« der Getreide. Denn als der ertragreichere Kartoffelanbau und die Intensivierung der Landwirtschaft durch verbesserte Anbaumethoden mit Mais und Weizen immer mehr an Bedeutung gewannen, wurde der Buchweizen als preiswertes Grundnahrungsmittel zurückgedrängt. Heute haben sich die Verhältnisse erneut gedreht – der Weizen ist in Verruf geraten, dafür liegt die glutenfreie Ernährung im Trend.

BOTANISCHE EIGENSCHAFTEN

Obwohl der Name der Pflanze auf Getreide hindeutet, gehört der Echte Buchweizen zur Familie der Knöterichgewächse *(Polygonaceae)*. Das sogenannte Pseudogetreide, dessen lateinischer Name *Fagopyrum esculentum* lautet, lässt sich wie Getreide zu Mehl verarbeiten, ist aber näher mit Sauerampfer und Rhabarber verwandt als mit Weizen. Der botanische Name geht auf die lateinische Bezeichnung *fagus* für Buche und das griechische *pyros* für Weizen zurück. Verwendet werden die aromatischen Samen, geformt wie zierliche dreikantige Körner, die optisch Bucheckern ähneln – daran erinnern die deutsche Bezeichnung Buchweizen und das englische *buckwheat*. Der einjährige Buchweizen trägt pfeil- bis herzförmige Blätter, die wechselständig angeordnet sind, und kleine weiße bis rosarote Blüten, die in kleinen, den Blattachseln entspringenden Rispen zusammenstehen, also als Trauben angeordnet sind.

Der genügsame Buchweizen wächst auf kargen Böden als etwa 60 bis 90 Zentimeter hohe Pflanze. Als Standort bevorzugt er leichte, sandige Böden, Staunässe verträgt er nicht. Auf sehr guten, nährstoffreichen

Äckern entwickelt die Pflanze dagegen einen großen Blattapparat, jedoch nur wenig Samen, vergleichbar verstärken auch Stickstoffgaben nur das Blattwachstum. Während der Blüte lockt ein Buchweizenfeld mit seinem duftenden Blütenteppich unzählige Bienen und Hummeln an – in geringem Umfang wird Buchweizen daher heutzutage explizit als Bienenweide angebaut. Buchweizen blüht bis zu sechs Wochen, interessanterweise beinahe länger als die kurze Wachstumsphase. In etwa zehn bis zwölf Wochen entwickelt sich aus jeder Blüte eine einsamige, dreikantige Frucht (Achäne), die teils Nüsschen genannt werden.

Der Buchweizen ist ausgesprochen beliebt bei Honig- und Wildbienen, Hummeln, Schmetterlingen und vielen Insekten, die von den weiß-rosa Blüten magisch angezogen werden – kein Wunder, dass auch Imker seine intensive Blühphase schätzen. Eine einzelne Pflanze kann über 1.500 Blüten tragen, ein Paradies für Bienen, die aus dem Nektar einen dunklen, sehr aromatischen Honig mit leicht malzigem Geschmack produzieren. Kinder mögen das markante Aroma dieses zudem weniger süßen Honigs meist nicht. Blütenhonig ist fast immer hell, Buchweizenhonig stellt hier eine Ausnahme dar – wie Waldhonig weist er ein dunkles Farbspektrum auf, das von Brauntönen bis zu Schwarz reicht.

Die Pflanze »honigt« nur am Vormittag, Imker wissen entsprechend, dass sie ihre Stöcke früh am Morgen in der Nähe aufstellen müssen. Da der Nektar zu beinahe 50 Prozent aus Saccharose besteht, lassen sich hohe Honigerträge erzielen: Bis zu 500 Kilogramm Honig pro Hektar sind möglich, das entspricht fast den Werten der weit verbreiteten Honigpflanze Raps.

Es gibt unzählige Buchweizen-Sorten – jede Region, in der Buchweizen angebaut wird, hat eigene Sorten, die hierzulande gar nicht zu bekommen sind. Im deutsch-

sprachigen Raum erhältliche Sorten für die Kornverwertung heißen etwa Billy, Pyra, Bamby, ohne dass man je davon gehört hätte. Nicht alle Sorten lassen sich gut schälen oder sind für den menschlichen Verzehr bestimmt, denn einige wie Lileja und Lifago sind speziell für die Gründüngung gezüchtet, bei der es um schnelle Bodenbedeckung geht und der Buchweizen vor der Reife gemäht wird. Denn was »ausgezeichnetes Beikrautunterdrückungsvermögen« genannt wird, bedeutet aus dem »Agrarsprech« übersetzt, dass Wildwuchs gegen den schnell wachsenden Buchweizen keine Chance hat. Durch die kurze Vegetationszeit eignet er sich daher gut als Zwischensaat zur Bodenverbesserung und Gründüngung: Nach kurzer Zeit beschattet er einen Großteil des Bodens und nimmt dem Unkraut das Licht.

ANBAU DER HUNDERT-TAGE-PFLANZE

Aufgrund veränderter Ernährungsgewohnheiten als nussiger, glutenfreier Eiweißlieferant rückt Buchweizen gerade wieder mehr in den Fokus. Allerdings findet der Anbau bislang nur in geringem Ausmaß statt; die Nachfrage wird großteils durch Importe aus Osteuropa und China gedeckt. In Europa wird Buchweizen in Russland, Polen, Litauen, Estland, Ungarn und der Ukraine

angebaut, auf den hinteren Rängen folgen die Slowakei und Slowenien, Frankreich und Norditalien (Südtirol und Venetien). Der heimische Anbau in Deutschland beschränkt sich weitgehend auf Mecklenburg-Vorpommern und Brandenburg, in Österreich auf Kärnten, die Steiermark und das Burgenland.

Dass er beispielsweise in der Bretagne nach Jahren des Rückgangs wieder vermehrt angebaut wird, verdankt sich unter anderem der Vereinigung *Blé noir tradition Bretagne*. Ähnliche Initiativen wie *Wir lad'n zum Had'n* in Österreich sind ebenfalls auf »Buchweizen-Mission«, indem sie Landwirte zum Anbau der Pflanze ermutigen. Als der Kärntner Verein Ende der 1990er-Jahre mit seiner Arbeit begann, wurden im Jauntal 20 Hektar mit Buchweizen bebaut, mittlerweile sind es stolze 200 Hektar. Doch noch handelt es sich beim Buchweizen um eine Rarität auf bewirtschafteten Äckern – zum Vergleich: Die Anbaufläche von Buchweizen in Deutschland beträgt 1.200 Hektar, Dinkel wird auf 100.000 Hektar kultiviert, Winterweizen auf rund 2,89 Mio. Hektar.

Auch das deutsche Bundesministerium für Ernährung und Landwirtschaft hat es im Rahmen der *Ackerbaustrategie 2035* unter die wünschenswerten Maßnahmen aufgenommen, die züchterische Verbesserung wenig genutzter Kulturpflanzen wie Emmer, Dinkel, Hirse, Amarant und Buchweizen zu fördern – nicht nur vordergründig für mehr Biodiversität, sondern mit ganz handfestem wirtschaftlichem Interesse an Ertrag und »Effizienz«. So wurden in Bayern bereits Feldversuche durchgeführt, ob sich der Buchweizen als Energiepflanze zur Gewinnung von Biogas eignet.

In einer anderen Versuchsreihe haben Wissenschaftler der Universität Hohenheim in Stuttgart das Potenzial von 25 Buchweizensorten erforscht und mit Bäckern sowie Köchen anschließend getestet, wie sich die einzelnen

Sorten in Verarbeitungseigenschaften und Geschmack unterscheiden. Erstaunlich groß waren dabei die Unterschiede: So wies beispielsweise der beteiligte Bäcker auf je nach Sorte stark schwankendes Brotvolumen hin. Für die industrielle Verarbeitung in Mühlen, Großbäckereien, Cerealien- und Teigwarenindustrie werden aber standardisierte Produkte benötigt, die das Ergebnis nicht so stark beeinträchtigen. Das liest man mit zwiespältigem Interesse, schließlich ist die Saatgutindustrie durch Züchtung hybrider Hochleistungssorten stark beteiligt an der industriellen Intensivlandwirtschaft, die weltweit die immer gleichen Nahrungspflanzen derselben Sorten anbaut. Wünschenswert ist es doch, dass die Sortenvielfalt erhalten bleibt, und nicht nur die Bandbreite der Monokulturen ausgeweitet wird.

Einerseits schätzen Landwirt:innen die kurze Vegetationszeit der »Hundert-Tage-Pflanze«, die es ermöglicht, den Buchweizen beispielsweise als Zweitkultur nach Frühkartoffeln oder Wintergerste auszusäen – in drei Monaten ist er erntereif. So kann der Bauer auf derselben Ackerfläche zwei Kulturen im Jahr anbauen und muss nicht allein vom Ertrag des Buchweizens leben. Optimal gestaltet sich diese Fruchtfolge nach stickstoffzehrenden Kulturen wie Getreide, da der Buchweizen dann mit seinen langen Pfahlwurzeln auch noch den ausgelaugten Boden verbessert (nach Leguminosen je-

doch nicht empfohlen). Andererseits macht es Buchweizen den Bäuerinnen nicht leicht: Er ist kälteempfindlich, bringt stark schwankende Erträge und die Ernte und das Schälen der eckigen Körnchen sind mühsam. Doch der Anbau lohnt sich für den Landwirt nur, wenn er verlässlich weiß, mit welchem Aufwand welcher Ertrag zu erwarten ist und wie faire Preise zu erzielen sind.

Da Buchweizen fortwährend blüht, gleichzeitig Früchte trägt und nach und nach abreift, lässt sich der optimale Erntetermin schwer bestimmen. Allgemein wird geraten, mit der Ernte zu beginnen, wenn etwa drei Viertel der Körner ausgereift sind und sich braun verfärbt und hart zeigen. Buchweizen ist zudem mühsam zu ernten, da die Samen sehr locker sitzen und beim Dreschen leicht herausfallen. Geerntet wird bei einer Aussaat Mitte Mai etwa Mitte bis Ende September. Zu diesem Zeitpunkt sind erste Körner schon abgefallen, die letzten aber noch grün. Eines der Züchtungsziele ist es daher, dass Buchweizensorten in Zukunft gleichmäßiger abreifen.

Nach der Ernte und dem Dreschen muss der Buchweizen zur Haltbarmachung getrocknet und gereinigt werden. Sein hoher Feuchtigkeitsgehält kann sonst dazu führen, dass das Erntegut verdirbt. Empfohlen wird eine schonende Trocknung bei 30 bis 40 °C auf 12 bis 15 Prozent Feuchtigkeit. Nach dem Trocknen muss der Buchweizen geschält werden, denn die robuste Schale der Nüsschen, die ein Drittel des Gewichts ausmacht, ist nicht zum Verzehr geeignet und muss entfernt werden. Das Schälen ist der Knackpunkt beim Buchweizenanbau, denn es gibt nur sehr wenige spezialisierte Schälmühlen, die in der Lage sind, Buchweizen zu verarbeiten, dessen Schale sehr hart ist. Was dabei an Körnern zu Bruch geht, wird abgesiebt und zu Mehl verarbeitet.

Eine weitere Schwierigkeit für Landwirte ist die Tatsache, dass *Fagopyrum esculentum,* von dem hier hauptsächlich die Rede sein soll, zwar anspruchslos ist, aber empfindlich gegen Bodenfrost. Buchweizen mag Minusgrade überhaupt nicht, daher wird in kalten Regionen vorzugsweise der Falsche oder Tatarische Buchweizen (*Fagopyrum tataricum*) gepflanzt, der mehr Toleranz gegenüber Kälte zeigt. Zum Keimen benötigt der Echte Buchweizen eine Bodentemperatur von mindestens plus 10 °C, daher kann er hier erst ab Mitte Mai oder im Juni gepflanzt werden, nach den Eisheiligen.

Auch ökologisch ist sein Anbau sinnvoll: der raschwüchsige Buchweizen ist umweltschonend, weil er kaum mineralischen Dünger und chemische Pflanzenschutzmittel benötigt, sein Stickstoffbedarf ist gering, mit Trockenheit kommt er gut zurecht. Die Nutzung alternativer Kulturpflanzen in der Landwirtschaft anstelle der Monokulturen von Weizen oder Futtermais erhöht die Biodiversität in der Agrarlandschaft. Dass auch Krankheiten und Schädlinge selten auftreten, würde ihn sozusagen zur perfekten und nachhaltigen Nutzpflanze für Agronom:innen machen, wären da nicht die stark schwankenden, unvorhersehbaren Erträge und die nicht zu unterschätzende Gefahr von Wild- und Vogelfraß. Vor allem durch intensive Bestäubung lässt sich der Ertrag stabilisieren, der im Durchschnitt 500 bis 1.500 (in Spitzenwerten 3.000) Kilogramm pro Hektar beträgt. Eine Zusammenarbeit mit Imkern empfiehlt sich daher.

Bei einer späten Aussaat im Jahr, nach den letzten Frösten, bietet Buchweizen zu einem Zeitpunkt im Hochsommer und Frühherbst, wenn andere Kultur- und Wildpflanzen längst verblüht sind, eine willkommene Nahrungsquelle für den Wintervorrat der Bienen. Daher wird er auch als Insektenweide und Nektarpflanze für Blühstreifen empfohlen.

BUCHWEIZEN IN MALEREI UND LITERATUR

Anders als vielerlei Obst und Gemüse wie Zitronen, Äpfel oder Kürbis hat Buchweizen nur selten einen Auftritt in der Malerei – zumindest für Stillleben eignet er sich als eher unscheinbare Pflanze eben nicht so recht. Als die Erfindung der Farbtube das Arbeiten unter freiem Himmel statt nur im Atelier ermöglichte, entschloss sich eine ganze Generation junger Künstler, »nach der Natur« zu malen. Schon die Impressionisten hatten sich häufig von Getreidefeldern zu Plein-air-Motiven inspirieren lassen, in der Künstlerkolonie von Pont-Aven wandten sich ihre Nachfolger einer neuen Farbigkeit und abstrakteren Darstellung zu. Ein Gemälde von Emile Bernard (1868–1941), der wie Gauguin zur später so genannten Schule von Pont-Aven zählt, aus dem Jahr 1888 mit dem Titel *Le blé noir* zeigt in kraftvollem Rot die Buchweizenernte in der Bretagne, die in Schwarz und Weiß gekleideten Menschen, die gerade Garben zum Trocknen bündeln, heben sich kontrastreich davon ab. Weit hergeholt und nur der Phantasie des noch jungen, erst zwanzigjährigen Künstlers entsprungen ist die Farbgebung keineswegs, denn während der Fruchtreife färben sich die zunächst grünen Pflanzenstängel beim Echten Buchweizen rot. In Paul Sérusiers (1864–1927) Gemälde *Les batteurs de blé noir* (Die Buchweizen-Drescher) von 1919 ist das Rot zwar nicht ganz so leuchtend wie bei seinem Malerkollegen, sondern geht ins Rotbraune, wenn man Reproduktionen trauen darf, doch neben Strohgelb ist es auch hier die dominante Farbe rund um die in neutrale Töne gekleideten Feldarbeiter:innen. *Champ de blé d'or et de sarrasin* (um 1900), ein weiteres Werk von Sérusier, ist geradezu eine Hommage an Buchweizen – jedes einzelne herzförmige Blatt ist vor dem Hintergrund des Goldweizens zu erkennen. Blätter, Blüten und rote Garben, die in ihrer Leuchtkraft mit dem Abendrot des Himmels

wetteifern, machen auch den Reiz seines Gemäldes *La moisson du blé noir* (Die Buchweizen-Ernte) aus dem Jahr 1899 aus. Dass Buchweizen womöglich auch als Färberpflanze gedient haben könnte, mit deren Blättern und Stängeln sich Gelb- und Orangetöne erzielen ließen, dafür ließ sich leider nur eine einzige Quelle finden.

Wie faszinierend die Farbe der Felder wirkte, hielt Rainer Maria Rilke nach einem Spaziergang durch die Heide bei Worpswede im *Schmargendorfer Tagebuch* fest: »Unter den großen Himmeln liegen flach die dunkelnden farbigen Felder, weite Hügelwellen voll bewegter Erika, daran grenzend Stoppelfelder und eben gemähter Buchweizen, der mit seinem Stengelrot und dem Gelb seiner Blätter köstlichem Seidenstoff gleicht.« Während seiner Zeit in Worpswede widmete sich auch Fritz Overbeck (1869–1909) Freilichtmotiven, neben Birkenwald und Moorlandschaften zeigen mehrere Werke des Malers blühende Buchweizenfelder.

So selten dem Buchweizen in der Malerei zu begegnen ist, so häufig ist sein Auftritt in der Literatur, allerdings meist eher unauffällig, sodass es unbemerkt bleiben kann. So trägt sich im Grimmschen Märchen der Wettlauf zwischen *Hase und Igel* an einem Buchweizen-

feld zu, in Hans Christian Andersens (1805–1875) Kunstmärchen *Der Buchweizen* kann er sogar sprechen und findet seine Blüten so schön wie die des Apfelbaums. Bei Leo Tolstoi (1828–1910) bewahrt im Roman *Anna Karenina* nur die Geburt eines Kälbchens den Verwalter vor mehr als Vorwürfen, nachdem ihm der Buchweizen auf der Darre angebrannt ist. In den Erzählungen der russischen Klassiker von Anton Tschechow (1860–1904) über Iwan Turgenjew (1818–1883) bis zu Nikolai Gogol (1819–1898) überliest man es leicht, doch in vielen slawischen Ländern, allen voran Russland und Polen, war Buchweizen Grundlage vieler Gerichte. Kaum ein Tag verging, an dem er nicht auf dem Tisch erschien, kein Wunder also, dass er zwar häufig, aber nur nebenbei in den literarischen Texten auftaucht. Ähnliches gilt für Frankreich; so erwähnt François-René de Chateaubriand (1768–1848) in *Mémoires d'outre-tombe,* seinen Erinnerungen an seine Kindheit in der Bretagne, nur en passant, dass es auf der Fahrt von Saint-Malo zum Familienschloss Combourg vier »sterbenslangweilige Meilen« lang »nichts als buschige Heide, kaum gerodete Ödnis, kümmerliche, ärmliche Felder mit Buchweizen und Hafer« zu sehen gab.

Den Niedergang beschreibt Honoré de Balzac (1799–1850) erstaunlich präzise in *Der Landarzt*, einer im Jahr 1828 situierten Erzählung. In einem kleinen Ort in Savoyen inmitten einer reizvollen Landschaft am Fuß der Berge ist es einem Pfarrer gelungen, die Armut zu bekämpfen und die Bevölkerung zu verdreifachen. Einem Gast erzählt er die Geschichte, die mit der Ansiedlung einer Korbmanufaktur beginnt – für den von den Bauern hergestellten Käse, den sie zu Fuß nach Grenoble tragen, um etwas Erlös zu erzielen. Dann geht es nach anfänglichem Widerstand Schlag auf Schlag, eine Straße und Häuser werden gebaut, Handwerker lassen sich nieder und bringen weitere Arbeiter mit, eins zieht das

andere nach sich: »Das Bedürfnis erzeugte die Industrie, die Industrie den Handel, der Handel einen Gewinst, der Gewinst einen Wohlstand und der Wohlstand nützliche Ideen.« Innerhalb von vier Jahren ist allen Arbeit verschafft, der Ort aufgewacht, die Apathie gewichen: »Die frohen Gesänge, der Lärm der Werkstätten und die dumpfen oder scharfen Geräusche der Werkzeuge tönten lieblich in meinen Ohren wider. Ich sah eine tätige, in einem neuen, sauberen, gesunden, schön mit Bäumen bepflanzten Flecken angesammelte Bevölkerung kommen und gehn.«

Woraus der umtriebige Pfarrer folgert: »Buchweizen aber konnte nicht mehr die Nahrung dieser aus ihrer erniedrigenden Trägheit gerissenen und wesentlich aktiv gewordenen Bevölkerung bilden; ich hatte sie angetroffen, als sie Buchweizen aß, ich wünschte sie zuerst zur Ernährung durch Roggen oder Mengkorn übergehen zu lassen, und eines Tages dann bei den ärmsten Leuten ein Stück Weißbrot zu sehen.« Geradezu Sinnbild des Erfolgs ist es, dass nun Weizen angepflanzt wird, Buchweizen erntet man nur noch, um das Geflügel zu füttern.

Wer nun glaubt, Buchweizen habe als lange Jahre vergessene Pflanze noch keinen Eingang in die sozialen Medien gefunden, irrt. In Nordvietnam locken die scheinbar endlosen, rosa blühenden Buchweizenfelder im Spätherbst viele junge Besucher in die Provinz Ha Giang, die dort Selfies für Instagram und Co. knipsen – ein Phänomen, wie es auch für die Lavendelfelder in der Provence, die Kirschblüte in Japan oder die Mohnblüte in Kalifornien zu beobachten ist. Der Legende nach hat eine Fee das Getreide auf dem Kalkplateau Dong Van ausgestreut. Daraus sei der Buchweizen gewachsen, der die Bewohner vor einer Hungersnot rettete. Diese backen nicht nur Kuchen aus dem Mehl, die Pflanzenstängel werden als Gemüse gegessen, die Nüsschen dienen

dem Brennen von Schnaps, und ein Abfallproblem entsteht auch gar nicht erst – die Schalen werden als Kissenfüllung verwendet. In der Provinz Ha Giang will man nun die Anbaufläche noch vergrößern, um den Tourismus in der Bergregion zu fördern, und rief vor einigen Jahren ein Fest des Echten Buchweizens ins Leben, das im November stattfindet.

EIN AUSFLUG NACH ASIEN

»Warum in die Ferne schweifen, wenn das Gute liegt so nah?« Obwohl es mehr entdeckenswerte und appetitanregende Buchweizenrezepte aus vielen Regionen Europas gibt, als in diese *kleine Gourmandise* passen, erweist sich der Spruch als völlig unangemessen. Vietnam ist da ein gutes Stichwort. Denn den höchsten kulinarischen Stellenwert genießt der Buchweizen in Asien. Richten wir unseren Blick also nach Osten: Japaner bezeichnen Echten Buchweizen als das perfekte Lebensmittel. Wer bei japanischer Küche nur an Sushi denkt, liegt damit falsch: Viele Menschen essen täglich Sobanudeln aus Buchweizen. Nicht immer werden sie heiß in verschiedenen Dashi-Brühen als Nudelsuppe (*Kake Soba*) serviert. Im heißen Sommer reicht man Sobanudeln gern eiskalt auf einem Bambusgitter (*Zaru*), Bouillon oder eine Tsuyu genannte Sauce gibt es separat dazu. Dann werden die leicht bräunlichen Nudeln mit Stäbchen aufgenommen und in ein kleines Schälchen mit Würzsauce oder kalte Brühe gedippt. Trotz einer Vielzahl an Rezepten steht immer der Eigengeschmack der Buchweizennudeln im Vordergrund –

nicht zu viele Aromen und Geschmacksnoten sollen ihn überlagern. Traditionell kommen Sobanudeln zu Silvester auf den Tisch: die langen Toshikoshi-Soba müssen vor dem Jahreswechsel verspeist sein, das garantiert ein ebenso langes Leben und Glück (Toshikoshi bedeutet »von einem Jahr zum anderen«).

Handgemachte Soba sind eine Kunst für sich, es gibt eigens schwere Nudelschneidemesser für die Herstellung, *Menkiri bōchō* oder *Soba kiri*, mit denen man den gefalteten Teig in lange, dünne Streifen schneidet. Als qualitativ beste Wahl gelten Sorachi-Buchweizen aus Hokkaido und Naraya-Buchweizen aus Minami Aizu.

Auch die weniger bekannte koreanische Küche verfügt über ein ganzes Repertoire an Buchweizen-Rezepten. *Momil* und *memil* bedeuten Buchweizen im Koreanischen. Er wird vor allem in den nördlichen Regionen der koreanischen Halbinsel wie den Provinzen Gangwon, Pyeongan und Hamgyeong angebaut. Zu den beliebtesten Gerichten aus Buchweizen gehören Nudeln (*Memil Guksu*, *Makguksu*), Teigtaschen (*Mandu*) und gerollte, mit Rettich, Kimchi und Fleisch gefüllte Pfannkuchen (*Memil Chongtteok* oder *Memil Jeongbyeong*).

In Japan und Korea werden nicht nur große Mengen von Buchweizenmehl zu Nudeln verarbeitet, in beiden Ländern wird gerösteter Buchweizen wie Tee aufgegossen. Als *Soba Cha* ist der strahlend gelbe Aufguss ein traditionelles japanisches Getränk, das malzig-nussig schmeckt und kalt oder heiß getrunken wird. Auch der koreanische *Memil Cha* wird in Sommer bei hohen Temperaturen traditionell kalt getrunken. Für den gerösteten Buchweizen wird teils der Falsche oder Tatarische Buchweizen verwendet, *Fagopyrum tataricum*, der nicht ganz so frostempfindlich ist wie der Echte Buchweizen. Angeboten wird der Buchweizentee in Teebeuteln sowie in Körnerform in unterschiedlichen Röstgraden.

TIPPS FÜR EINKAUF UND LAGERUNG

Der Buchweizen war hierzulande ein wenig in Vergessenheit geraten. Seit Verbraucher verstärkt auf gesunde Ernährung setzen, hat das vitamin- und mineralstoffreiche »Kraftkorn« mit seinem hohen Eiweißanteil wieder an Popularität gewonnen. Als Pseudogetreide – wie auch Amaranth oder Quinoa – wird Buchweizen bezeichnet, weil man ihn in der Küche wie seine echten Körnervettern verwenden kann. Mittlerweile erfreuen sich alte Getreidesorten wie Emmer, Dinkel, Einkorn und Pseudogetreide so großer Beliebtheit, dass man Buchweizen nicht mehr bei Online-Spezialisten bestellen muss, sondern ihn – teils auch in Bio-Qualität und aus regionalem Anbau – in Naturkostläden und Biosupermärkten erhält. Buchweizen gibt es als fein vermahlen als Mehl, grob zerkleinert und geschält als Schrot oder Grütze sowie als ganze geschälte Körner, teils bereits geröstet, teils gekeimt. Buchweizenflocken eignen sich wie Haferflocken für ein gesundes Müsli genauso wie gepuffter Buchweizen, der Popcorn ähnelt. Körner ebenso wie Flocken, Grütze und Mehl lagert man am besten in luftdicht verschließbaren Vorratsgläsern an einem kühlen, trockenen, lichtgeschützten Ort. Mit einer Handmühle für Getreide oder Kaffee kann man ganze Körner auch selbst zu Schrot oder Grieß vermahlen, am besten unmittelbar vor der Verwendung zum optimalen Erhalt der wertvollen Inhaltsstoffe.

Fertige Buchweizennudelsorten reichen von Spaghetti bis zu Fusilli und Ravioli, sind aber schwerer zu finden als japanische Soba-Nudeln. Diese bestehen entweder zu 100 Prozent aus Buchweizenmehl (*Juwari Soba*) oder enthalten einen Anteil an Weizenmehl (*Ni Hachi Soba*), der ihnen mehr Elastizität verleiht. Er sollte nicht mehr als 20 Prozent betragen. Da heutzutage

Buchweizen im Einkauf teurer ist als Weizen, sind Nudeln mit Weizenanteil günstiger.

Selbst Buchweizen-Drinks gibt es schon als Alternative zu tierischer Milch und Pflanzendrinks aus Nüssen. Und wer bei einer Craft-Beer-Brauerei auf (glutenfreies) Buchweizenbier stößt, kann dann meist ein kupferfarbenes Bier mit leicht nussigem, malzwürzigem Aroma probieren – Mikrobrauereien aus Frankreich, Luxemburg oder Belgien vermarkten sie gern unter Namen wie Sarazen oder Sarrasin. Buchweizenmalz beziehen handwerkliche Brauer beispielsweise in 25-Kilogramm-Säcken von der belgischen Mälzerei Castle Malting. Zu den Raritäten zählen Whisky und andere Brände aus Buchweizen: Nicht weit von Quimper im Finistère produziert der bretonische Familienbetrieb Destillerie des Menhirs seit 2002 einen Buchweizenbrand mit würzigen Röstaromen, *Eddu* benannt nach der bretonischen Bezeichnung für die Pflanze. Aus Sankt Egyden in Kärnten stammt der im Eichenfass gereifte Had'nwhisky von Bauer Franz, von der Schwäbischen Alb der klare Buchweizenbrand der Lauteracher Alb-Feld-Früchte.

NAHRUNGSMITTEL UND ARZNEIPFLANZE / WAS IM BUCHWEIZEN STECKT

Der hohe Gehalt an hochwertigem Eiweiß, Mineralstoffen und Vitaminen trug Buchweizen nicht nur den Ruf ein, gesund zu sein, sondern katapultierte ihn sogar in die Liga der »Superfoods« unter den Lebensmitteln. Man mag von diesem (Marketing)Begriff halten, was man will, er signalisiert zu Recht den hohen ernährungsphysiologischen Wert von Buchweizen, der über dem von Weizen und Roggen liegt. Buchweizen ist reich an Kalium, Eisen, Kalzium, Magnesium, Kieselsäure sowie an den Vitaminen B1, B2 und E. Das sehr hochwertige Eiweiß gilt als leicht verdaulich. Sein hoher Gehalt an der

essenziellen Aminosäure Lysin macht Buchweizen zudem für Vegetarier und Veganerinnen empfehlenswert. Buchweizen enthält viele einfach und mehrfach ungesättigte Fettsäuren, mit Chiro-Inositol zudem einen Wirkstoff, der den Blutzuckerspiegel regulieren kann, Buchweizen ist demnach auch für Diabetiker empfehlenswert. Neben Ballaststoffen liefert Buchweizen auch Lecithin, dass dazu beitragen kann, den Cholesterinspiegel zu senken. Buchweizen bietet pro 100 Gramm: 340 kcal, 9,8 Gramm Protein, 1,8 Gramm Fett.

Ein ideales Nahrungsmittel für Gesundheitsbewusste, kann der glutenfreie Buchweizen zudem eine wichtige Rolle für die Ernährung bei Zöliakie spielen, der Gluten-Unverträglichkeit. Eine Heil- oder Medizinpflanze im strengen Sinn ist der Echte Buchweizen jedoch lange nicht gewesen. Dennoch wurde *Fagopyrum esculentum* zur »Arzneipflanze des Jahres 1999« gewählt. Wie kommt's? Mit dieser Wahl wollte die Jury, angesiedelt am Institut für Geschichte der Medizin an der Universität Würzburg, auf die wissenschaftliche Arbeit bei der Forschung zur Geschichte einzelner Heilpflanzen und der Pflanzenheilkunde aufmerksam machen. Außerdem habe der Jury der »Aschenputtel-Charakter« des Buchweizens als Getreideersatz gefallen. Dass die Entdeckung der heilsamen Kräfte bis in das 20. Jahrhundert dauerte, ist nicht verwunderlich, da sogar eine Buchweizenkrankheit bekannt war – nicht gerade ideale Voraussetzungen für eine Karriere als Arzneipflanze. Der Fagopyrismus trat bei Nutztieren wie Schweinen, Schafen und Rindern auf, wenn übermäßig viel frische Pflanzen verfüttert wurden, und äußerte sich in Hautreizungen – eine phototoxische Reaktion auf das in der Schale enthaltene Fagopyrin bei Tieren, die dem hellen Sonnenlicht ausgesetzt waren.

Erst in den 1970er-Jahren wurde der Buchweizen genauer untersucht, und tatsächlich ergaben klinische Studien eine durchblutungsfördernde Wirkung. Buchweizen ist in dieser Hinsicht also eine der jüngeren Arzneipflanzen, ähnlich wie Hopfen, Hafer oder Algen. Das ist inzwischen eine Weile her, weitere Analysen der Inhaltsstoffe in der Folgezeit wiesen nach, dass Buchweizen relativ viel Rutin enthält. Dieser Wirkstoff wird in Mitteln gegen Gefäßerkrankungen sowie bei chronischer Venenschwäche eingesetzt. Rutin gehört zu den Flavonoiden, deren antioxidative Eigenschaften sich als Zellschutzfaktoren und Radikalfänger erweisen könnten. Zwar ist dieser Bereich rund um oxidativen Stress, der eine Dysbalance mit zu viel freien Radikalen im Körper beschreibt, längst noch nicht zur Gänze erforscht, doch auch in der Naturheilkunde wird Echter Buchweizen als protektiv bei Kapillar- und Venenschwäche betrachtet. Rutin bewahrt vor Durchblutungsstörungen, stärkt die Venen allgemein und beugt der Neigung zu Krampfadern, Besenreisern und Hämorrhoiden vor, hilft als Wirkstoff bei Ödemen, Zahnfleischbluten und Bluthochdruck.

Medizinisch verwendet werden die zur Blütezeit geernteten und getrockneten Blätter und Blüten der Pflanze. In der Homöopathie wird *Fagopyrum esculentum HAB1* vorwiegend in den Potenzen D4–D6 gegen Kopfschmerzen sowie Haut- und Lebererkrankungen mit Juckreiz eingesetzt.

In der Traditionellen Chinesischen Medizin (TCM) zählt neben Akupunktur, Arzneimitteln, Bewegung und Massage die Ernährung zu den »fünf Säulen« der Behandlung. Allen Lebensmitteln werden bestimmte Wirkungen auf den Körper zugesprochen. Buchweizen gilt als schleimlösend und entgiftend, er kräftigt die Milz, öffnet den Magen, reinigt den Darm, senkt das Qi ab und kühlt Hitze.

In der indischen Ayurveda-Therapie wird dem Buchweizen eine wärmende Wirkung zugeschrieben. Er wird besonders zur Besänftigung des Kapha-Doshas empfohlen.

BRAUCHTUM RUND UM DEN BUCHWEIZEN

Was wäre ein traditionelles Lebensmittel ohne Erntefest oder Koch-Festival? Wo noch Buchweizen angebaut wird, wird er auch gefeiert: Im Kärntner Jauntal werden im Sommer und im Herbst bei *Had'nfesten* Gäste bewirtet, in der norditalienischen Lombardei pflegt die *Sagra dei Chisciöi* mit einem Gastronomie- und Weinfest in Tirano die Tradition des Brots aus Buchweizenmehl. In Korea findet ein Makguksu-Festival im Zeichen des Buchweizens statt, das Hyoseok Cultural Festival wiederum erinnert an den koreanischen Schriftsteller Lee Hyo-seok (1907–1942) und seinen populären Roman *When Buckwheat Flowers Bloom* aus dem Jahr 1936. In Indien sind bei Festen wie Shivatri, Navartri und Janmashtami Fastengerichte nur aus bestimmten Zutaten erlaubt, zu denen auch Buchweizen (*kuttu*) gehört. Stellvertretend für viele weitere Feste blicken wir noch einmal in den Westen Frankreichs, in die Bretagne: In Pipriac ist die *Confrérie de la Galette* zu Hause, die Bruderschaft der Buchweizen-Crêpes. Im Herbst hält dort die Fête de la Galette mit Verkostungen und Dreschvorführungen den Buchweizen in Ehren und zeichnet beim

alljährlichen Galette-Wettbewerb den Sieger mit einem Diplom aus.

Die (inoffizielle) Fanhymne *Galette-saucisse je t'aime* wird man dagegen eher bei Spielen des Fußballvereins Stade Rennais FC hören. Für das beliebte Streetfood wird ein gegrilltes Würstchen im Galette-Mantel eingerollt – ein bretonischer Hotdog also. Bei öffentlichen Veranstaltungen im Freien, auf Märkten, bei Festivals und Sportevents ist *galette-saucisse* der Renner als Snack. Und Kult am Roazhon Park, dem Fußballstadion in der bretonischen Hauptstadt Rennes.

BUCHWEIZEN IN DER KÜCHE

Trotz seiner wachsenden Beliebtheit und der Rückbesinnung auf traditionelle Lebensmittel fristet der vielseitige Buchweizen in Kochbüchern noch ein kulinarisches Nischendasein. Obwohl er nicht zuletzt aufgrund der Tendenz, mehr glutenfreie Zutaten zu verwenden, zurück auf den Speiseplan findet und inzwischen zuverlässig in den Regalen der Biosupermärkte steht, ist Buchweizen weiterhin in der Küche noch wenig genutzt. Ein Rätsel? Jedenfalls bleibt die Antwort auf die Frage offen, ob die Käuferinnen und Käufer aus den Körnern immer nur Porridge köcheln und aus dem Mehl nur Pfannkuchen backen oder ob sein Potenzial in vielen Zubereitungsarten zur Geltung kommt. Eine Fülle von traditionellen Gerichten aus früheren Zeiten wartet noch auf eine zeitgemäße Vermehrung der Rezepte mit Blick in die weite Welt, denn die Vielfalt der Gewürze und Aromen hat durch Ausflüge in die asiatischen und mediterranen Küchen deutlich zugenommen. Auch wenn wir Großmutters Küche in bester Erinnerung haben, ihre Gerichte kommen aus einer anderen Zeit. Überlieferte Rezepte kulinarisch neu zu überdenken, ist für den Buchweizen recht einfach – in Analogie zur Verwendung seiner Getreide- und Pseudogetreide-Verwandten gesellt sich einiges Neues hinzu.

Denn er heißt nicht nur so, der leicht herbe, nussig schmeckende Buchweizen lässt sich auch verwenden wie Getreide. In Flockenform oder geschrotet eignet er sich für Müsli, aus dem Mehl lassen sich Nudelteig, Knödel, Fladen oder Pfannkuchen ganz einfach herstellen. Und wie seine echten Körnervettern und andere Pseudogetreide von Amaranth bis Quinoa kann Buchweizen in der Küche im Ganzen verwendet werden. Ähnlich wie Reis, Bulgur, Couscous oder Graupen eignet sich Buchweizen dann sehr gut als Beilage, als Einlage für Suppen oder

für die Zubereitung von Salaten, Aufläufen oder Bratlingen sowie zum Füllen von geschmortem Gemüse. Ein gutes Beispiel ist Kaszotto, mit Buchweizen wie ein Risotto zubereitet, das ganz neue Kombinationsmöglichkeiten eröffnet und eine echte Bereicherung des Speiseplans darstellt.

Nur die Backfähigkeit des Buchweizens ist wegen des fehlenden Klebereiweißes eingeschränkt. Zwar heißt es oft, zum Brotbacken sei er daher ungeeignet, doch bei spezialisierten Bäckereien sind auch reine Buchweizenbrote erhältlich. Beim Brotbacken zu Hause tut man sich allerdings leichter, wenn ein Anteil anderer Mehle untergemischt wird. Einfacher ist es bei den dünnen Fladenbroten aus der Pfanne, Chapati und Roti, wie sie in Indien aus Buchweizenmehl gebacken werden. Daneben sind die Rezepte für feine Rührkuchen mit Obst und anderes Gebäck Legion, für die Buchweizen mit etwas Weizenmehl gemischt zu Teig verarbeitet wird. Dennoch ist das Potenzial von Buchweizen vermutlich längst nicht ausgeschöpft. Hier folgen zwei Dutzend Rezepte für den Anfang.

Wenn nicht anders angegeben, sind die Rezeptmengen für vier Personen vorgesehen.

Kascha

In ganz Osteuropa, besonders in der baltischen, polnischen, ukrainischen und russischen Küche, sind Rezepte mit Buchweizen Teil des kulinarischen Erbes. Aus geröstetem Buchweizen kocht man traditionell Kascha – viele Kinder sind damit aufgewachsen, jeden Morgen vor der Schule Buchweizen zu essen, »um groß und stark zu werden«. Obwohl oft von Brei die Rede ist, wird Kascha aus den ganzen Körnern zubereitet. Das wandelbare Gericht aus gekochtem Getreide, zubereitet mit Wasser oder Milch, wird süß mit zerlassener Butter und Zucker serviert oder herzhaft mit weiteren Zutaten wie Pilzen, wärmt im Winter und macht lange satt. Wer keinen bereits gerösteten Buchweizen bekommt, röstet ihn mit ein wenig Butter oder neutralem Pflanzenöl in einer Pfanne, bis er appetitlich duftet. Beim Rösten entwickelt der leicht herbe Buchweizen einen nussigen Geschmack.

Für 2 Portionen

100 g Buchweizen • 200 ml Milch • 2 EL Butter • 2 EL Rohrohrzucker

Die ganzen Buchweizenkörner in einem Topf mit Milch oder kaltem Wasser im Verhältnis 1:2 aufsetzen und zum Kochen bringen. Sobald das Wasser kocht, die Hitze auf eine niedrige Stufe herunterstellen und den Deckel auflegen. Den Buchweizen etwa 20–25 Minuten sanft garen, bis er die gesamte Flüssigkeit aufgenommen hat. Den Topf vom Herd nehmen und kurz ruhen lassen, dann etwas Butter unterrühren und den Buchweizen mit Zucker zum Bestreuen servieren.

Buchweizen-Porridge

Statt ihn nur mit Zucker zu bestreuen, kann gekochter Buchweizen um getrocknete Früchte ergänzt werden und ist dann als sättigendes Frühstück eine hervorragende Alternative zum Müsli. Verwenden lassen sich Aprikosen/Marillen, Datteln, Pflaumen, Cranberrys, Feigen oder was sonst noch vorrätig ist. Was früher bei der hart arbeitenden Landbevölkerung täglich, oft morgens, mittags und abends, als »Brei« auf den Tisch kam, heißt heute im Hipster-Deutsch Porridge, damit sich niemand an Babykost erinnert fühlt. Wer den mit Früchten und Gewürzen gekochten Porridge vegan zubereiten möchte, verwendet statt Kuhmilch Hafer- oder Mandelmilch.

Für 2 Portionen

100 g Buchweizenschrot • 1 Zimtstange • 30 g getrocknete Früchte, grob gehackt • 1 TL geriebener frischer Ingwer (nach Belieben) • Milch • frische Früchte (je nach Jahreszeit Banane oder Blau-/Heidelbeeren, Erdbeeren oder Aprikosen/Marillen)

In einem Topf die Buchweizengrütze mit 250 ml Wasser, der Zimtstange und den getrockneten Früchten zum Kochen bringen. Dann die Temperatur herunterschalten, den Deckel auflegen und 20–25 Minuten sanft garen, ohne allzu oft umzurühren, bis die Flüssigkeit aufgenommen ist. Die Zimtstange entfernen, den Porridge in zwei Schalen füllen, nach Belieben den Ingwer einrühren und mit etwas erwärmter Milch und frischen Früchten servieren.

Granola

Knusperbuchweizen

Statt mit Haferflocken schmeckt selbst gemachtes Knuspermüsli oder Granola auch mit gepufftem Buchweizen. Geben Sie den Knusperbuchweizen außer zum Müsli oder Naturjoghurt auf Obstsalat oder Kompott – fertig ist ein leichter Nachtisch. Varianten: Vor dem Backen noch abgeriebene Zitronen- und Orangenschale unter die Mischung rühren. Statt Haselnüssen gemischte Nüsse oder Mandeln verwenden.

100 g gepuffter Buchweizen • 100 g geröstete und gehackte Haselnüsse • 70 g Kakaonibs • 50 g getrocknete Physalis oder Cranberrys • 1 TL gemahlener Zimt • 3 EL Kokosöl • 5 EL Honig

Einfach alle Zutaten in einer Schüssel gründlich vermischen und etwas ruhen lassen, den Backofen auf 180 °C vorheizen. Ein Backblech mit Backpapier auslegen, die Mischung darauf gleichmäßig verteilen und 15–20 Minuten im Ofen goldbraun backen. In einem luftdicht verschließbaren Vorratsglas kühl und lichtgeschützt gelagert hält sich das Knuspermüsli etwa 1 Monat.

Soba Cha

Buchweizentee

Wer keinen gerösteten Buchweizen bekommt, kann ihn in einer Pfanne ohne Fett leicht selbst rösten. Für den Aufguss rechnet man etwa 2 bis 3 Esslöffel gerösteten Buchweizen pro Tasse und lässt ihn etwa 10 Minuten ziehen.

SUPPEN

Mit Buchweizen lassen sich großartige Suppen zubereiten, das dokumentiert eine Vielfalt an Rezepten von der Bretagne über den Alpenraum und Osteuropa bis nach Asien.

Bündner Buchweizensuppe

In der Schweiz wurde Buchweizen im 19. Jahrhundert in Graubünden, im Tessin und in Poschiavo (Puschlav) angebaut, heute wächst er nur noch auf kleinen Flächen. Traditionelle Rezepte aus der Zeit, als Buchweizen in den Alpentälern noch zu den Grundnahrungsmitteln gehörte, sind Pizokel (Bündner Spätzli), Puschlaver Pizzocheri (das dem Veltliner Rezept weiter unten ähnelt) und Tessiner Polenta nera. Für das Bündner Suppenrezept werden ganze Buchweizenkörner mitgegart, daneben gibt es auch Varianten ohne Speck, für die Gemüse und Körner am Ende zur Cremesuppe püriert werden.

1 Zwiebel • 2 Möhren • ½ kleiner Knollensellerie • 1 Stange Lauch • 1 EL Butter • 100 g durchwachsener Speck • 150 g Buchweizen • 2 Zweige Thymian • 1 Lorbeerblatt • 1 Liter Rinder- oder Gemüsebrühe • 100 g Sahne/Obers • Salz • frisch gemahlener Pfeffer • 100 g Bündnerfleisch • 1 Bund Schnittlauch

Die Zwiebel schälen und fein hacken. Die Möhren und den Sellerie schälen und in kleine Würfel schneiden. Den Lauch längs halbieren und in dünne Scheiben schneiden. In einem Topf die Butter erhitzen und die Zwiebel sowie den Speck darin anschwitzen. Das Gemüse, Buchweizen, Thymian und Lorbeer hinzufügen und weitere 5 Minuten garen. Dann mit der Brühe aufgießen und das Ganze zum Kochen bringen. Die Hitze reduzieren und die Suppe 30 Minuten köcheln. Die Sahne unterrühren und die Suppe weitere 5 Minuten köcheln, danach ab-

schmecken. Das Bündnerfleisch in dünne Streifen, den Schnittlauch in Röllchen schneiden. Die Suppe auf Teller verteilen und mit Bündnerfleisch und Schnittlauch bestreuen.

Kake Soba
Nudelsuppe

In Japan werden Sobanudeln im Alltag häufig und gern gegessen, sowohl als Nudelsuppe in heißer Bouillon als auch separat mit einer Würzsauce serviert, als kalte oder warme Hauptmahlzeit. Dashi ist ein traditioneller japanischer Fischsud aus Kombu (essbarer Seetang), Katsuobushi (getrocknete Bonito-Flocken) und Niboshi (getrocknete Sardinen), der für die Suppe noch mit Mirin und Sojasauce aromatisiert wird. Beide Zutaten ebenso wie Instant-Dashi-Pulver bekommt man in Asialäden, wo man mit Glück teils sogar frische oder tiefgekühlte Buchweizennudeln findet. Zum Servieren bereitet man etwas Grün vor – Frühlingszwiebelringe oder eingeweichte Wakame-Algen – und stellt für eine leichte Schärfe Chilipulver oder Shichimi Togarashi (japanische Würzmischung) bereit.

Für 2 Portionen
200 g Sobanudeln • 800 ml Dashi-Brühe •
2 EL dunkle Sojasauce • 2 EL helle Sojasauce •
2 EL Mirin • 1 EL Sake

Die Nudeln nach Packungsanleitung in kochendem Wasser garen (in der Regel 4–6 Minuten für getrocknete, 1–2 Minuten für frische Sobanudeln), dann in ein Sieb abgießen und unter fließendem kalten Wasser abspülen. Die Dashi-Brühe mit Sojasauce, Mirin und Sake erhitzen, die Nudeln portionsweise in Schalen anrichten, die heiße Brühe zugießen und mit den separaten Toppings servieren.

Pilzsuppe mit Buchweizen

Buchweizen mit Steinpilzen, gemischten Waldpilzen oder Champignons zu kombinieren ist hervorragendes Foodpairing, ob im Risotto oder zu Buchweizenknödeln. Durch das Anrösten bekommen die Pilze ein intensives Aroma, das beste geschmackliche Resultat erzielen Sie mit einer Mischung verschiedener Sorten. Die Anregung, diese Zutaten auch mal in Form einer Pilzsuppe aufzutischen, stammt von der Ukrainerin Olia Hercules und ihrem Osteuropa-Kochbuch *Mamuschka*, die für ihr Rezept allerdings getrocknete Steinpilze verwendet und anders würzt.

120 g Buchweizen • 450 g gemischte Pilze • 3 Schalotten • 1 Möhre • 2 Stangen Staudensellerie • 2 EL Butter • 1 l Gemüse- oder Hühnerbrühe • Salz • 1 Bund frischer Thymian • 50 g saure Sahne/Sauerrahm

Den Buchweizen 15 Minuten in kaltem Wasser einweichen, dann abgießen. Die Pilze in Scheiben schneiden, die Schalotten und die Möhre schälen und würfeln, den Sellerie in dünne Scheiben schneiden. In einem Topf die Butter zerlassen und darin Schalotten, Möhre und Sellerie 5 Minuten anschwitzen. Die Pilze hinzufügen und weitere 5 Minuten garen. Die Brühe angießen, den abgetropften Buchweizen hineingeben und etwa 15 Minuten köcheln. Falls erforderlich, mit Salz abschmecken. Die Suppe mit frischem Thymian und einem Klecks saurer Sahne servieren.

Das Mehl schmeckt herzhafter als das weiße Weizenmehl und wird gern zu Pfannkuchen verbacken, in Österreich zu Palatschinken, in der Niederlausitz zu Plinsen, in Russland zu *blini*, in der Bretagne zu knusprigen *galettes*, im französischen Zentralmassiv zu *bourriols*, im Veltlin zu *chisciöi*, in den Niederlanden zu *poffertjes*, in Korea zu *memil-buchimgae* und in Amerika gibt es *buckwheat pancakes* mit Ahornsirup schon zum Frühstück. Stellvertretend für die vielen Pfannkuchen-Rezepte aus aller Welt hier nur zwei, für hauchdünne bretonische Galettes und etwas kompaktere russische Blini.

Bretonische Galettes

Die hauchdünnen Buchweizen-Pfannkuchen werden aus dem dunklen Buchweizenmehl (*blé noir*) hergestellt und mit den unterschiedlichsten Füllungen serviert. Ein bretonischer Klassiker ist die Galette mit geriebenem Käse und gekochtem Schinken, kommt noch ein Spiegelei dazu, heißt die Version *galette complète* und rangiert auf der Beliebheitsskala in Frankreich ganz oben. Der Teig für die süße wie die salzige Variante wird auf der *bilig* hauchdünn ausgestrichen, einer elektrisch beheizten, runden, randlosen Eisenplatte. Der T-förmige, flache Schieber zum Verstreichen, der wie ein kleiner Rechen ohne Zinken aussieht, heißt *rozell*, der Spatel zum Zusammenklappen *spanell*.

250 g Buchweizenmehl • 250 ml Milch • 2 Eier • Salz • gesalzene Butter • 200 g geriebener Emmentaler • 10 Scheiben gekochter Schinken

In einer Schüssel Mehl, Milch, Eier und Salz mit einem Schneebesen zu einem glatten Teig verrühren. Mit so viel Wasser verdünnen (etwa 200 ml), dass die Konsistenz recht flüssig wird. 2 Stunden kühl stellen. Tipp: Wenn man dem Teig noch 2–3 EL flüssige Butter hinzufügt, wird er knuspriger.

Zum Backen etwa 2 EL Teig in eine Pfanne geben und sehr schnell mit einem Teigschaber oder einem Spatel gleichmäßig verstreichen oder durch Schwenken verteilen – die Galettes sollen hauchdünn werden. Sobald der Teig fest ist, wenden und kurz auf der anderen Seite knusprig backen. Mit gesalzener Butter bestreichen oder nach Belieben füllen, beispielsweise mit geriebenem Emmentalerkäse und einer Scheibe gekochtem Schinken. Zum Schluss an vier Seiten die Teigränder zusammenklappen, sodass ein eckiges Päckchen entsteht.

In der Bretagne sind die traditionellen Arten, Crêpes und Galettes zu falten, ausgesprochen »ausdifferenziert« – einfach zuklappen wie ein Omelett ist nicht. *Pliage en chausson* ist die verbreitetste Art – alle vier Seiten einschlagen, dabei in der Mitte den Blick auf die Füllung frei lassen. Zur Rolle geformt und in Stücke geschnitten (*pliage en roulé*) ist die moderne Adaption. *Pliage en enveloppe* oder *en encornet* (wie eine Pommestüte oder Eiswaffel) ist dann gefragt, wenn es am Marktstand oder auf einem Fest um Galette auf die Hand geht – denn ja, in der Bretagne gibt es Crêpes und Galettes auch als »Fastfood«. Auf den Wochenmärkten bieten die Crêpes-Stände die dünnen Pfannkuchen außerdem gleich stapelweise zum Mitnehmen an – für den Hausgebrauch.

Blini

Russische Hefepfannkuchen

Als kleine Happen in Miniaturgröße eignen sie sich als Fingerfood für ein Buffet, etwas größere Blini als leichtes Abendessen, willkommenes Mitbringsel zum Picknick oder krönender Abschluss für ein Sonntagsfrühstück. Wie bei Pfannkuchen allgemein ist beim pikanten Belegen Kreativität erlaubt, klassisch liefern Buchweizen-Blini die perfekte Grundlage für gebeizten Lachs oder Räucherlachs und saure Sahne/Sauerrahm.

175 g Buchweizenmehl • 15 g frische Hefe (1/3 Würfel) • 300 ml lauwarme Milch • 1/2 TL Zucker • 2 Prisen Salz • 2 Eier

Zum Servieren: 2 EL gesalzene Butter • Räucherlachs oder Gravad Lachs • saure Sahne/Sauerrahm • Dill

Das Mehl in eine Schüssel sieben und in die Mitte eine Mulde drücken. Die Hefe hineinbröckeln und mit Zucker und etwas Milch verrühren, 15 Minuten bedeckt aufgehen lassen. Dann mit den Eiern und der restlichen Milch zu einem glatten Teig verkneten und weitere 60 Minuten ruhen lassen.

Eine Pfanne erhitzen. Für einen Pfannkuchen in der Größe einer Untertasse eine Kelle Teig hineingießen. Nach 10 Minuten vorsichtig wenden und die andere Seite goldbraun backen. Fertige Blini auf Backpapier bis zum Servieren im Ofen bei 50 °C warm halten. Zum Servieren die Blini mit etwas Butter bestreichen, eine Scheibe Lachs und einen Klecks saure Sahne sowie einige Dillspitzen darauf anrichten.

Chapati
Indische Buchweizenfladen

Traditionell werden die Fladenbrote auf einer Eisenplatte (*Tawa*) gebacken, doch es funktioniert auch in einer Pfanne. Die fertigen Chapati noch heiß mit dem Butterfett Ghee oder Öl bestreichen und zu Currys oder Dhal servieren.

250 g Buchweizenmehl • Salz • 1 EL neutrales Pflanzenöl oder Ghee

Buchweizenmehl, Salz, Öl und 150 ml heißes Wasser zu einem festen, aber geschmeidigen Teig verkneten. Den Teig mindestens 30 Minuten bedeckt ruhen lassen. Auf einer mit Mehl bestaubten Arbeitsfläche oder auf Backpapier den Teig mit dem Nudelholz hauchdünn auf Pfannengröße ausrollen. Eine beschichtete Pfanne ohne Fett erhitzen und den ausgerollten Fladen darin backen, bis sich Blasen bilden. Sobald sich die Blasen braun färben, den Fladen wenden. Zwischdurch die Pfanne auswischen, sonst brennt das überschüssige Mehl vom Ausrollen an.

Sciatts
Käsekrapfen in Buchweizenteig

Rezepte für knusprige, in Buchweizenteig ausgebackene Käsebällchen finden sich im Alpenraum gleich mehrfach – in der Schweiz und in Frankreich heißen sie *gougères* und werden aus Brandteig mit geriebenem Käse hergestellt und im Ofen gebacken, im Veltlin ist ihr Name *sciatt*, ein Dialektbegriff, der Kröte bedeutet. Dafür werden Käsewürfel in einen Ausbackteig getaucht und frittiert. Sciatt passen gut zu bitteren Salaten, zum Beispiel auf ein Bett aus in Streifen geschnittenen Endivien, und einem Glas Wein.

150 g Buchweizenmehl • 100 g Weizenmehl • ½ TL Backpulver • schwarzer Pfeffer • 1 Gläschen Grappa • Mineralwasser mit Kohlensäure • 200 g Hartkäse (Casera oder Fontina) • Frittieröl

In einer Schüssel die beiden Mehle, das Backpulver und den Pfeffer vermischen, Grappa und etwas Mineralwasser dazugeben, dabei mit einem Schneebesen stetig umrühren. Der Teig soll glatt und dickflüssig sein. Den Teig 30 Minuten im Kühlschrank ruhen lassen. Den Käse in 2 cm große Würfel schneiden. Das Öl in einer großen Pfanne mit hohem Rand erhitzen. Die Käsewürfel nach und nach mit einer Gabel in den Teig tauchen und portionsweise im heißen Öl goldgelb ausbacken. Mit einem Schaumlöffel herausheben, auf Küchenpapier abtropfen lassen und warm servieren.

Polenta taragna

Südlich der Alpen gibt es einige wunderbare regionale Spezialitäten mit Buchweizen, dazu zählt auch die Schwarze Polenta im Tessin und in der Lombardei. Statt ausschließlich Maisgrieß enthält sie einen Teil Buchweizen. Noch sättigender und nahrhafter ist die *polenta cropa*, bei der auch noch gewürfelte Kartoffelstücke mitgegart werden – ein bäuerlicher Sattmacher aus den Bergen, der nach harter Arbeit im großen Topf auf den Tisch gestellt wurde, heute aber eher als Beilage serviert wird. Die Polenta wurde lange mit einem Stock gerührt, daher der Name (tarare = vermengen). Bereits gemischte Mehle sind unter der Bezeichnung *polenta taragna* als Instantprodukt im Online-Versandhandel erhältlich.

125 g Buchweizengrieß • 125 g Maisgrieß • 200 g Käse (Casera, Fontina oder Montasio) • 125 g Sahne/ Obers • Salz und Pfeffer

In einem Topf 950 ml Wasser salzen und zum Kochen bringen. Die Maispolenta und die Buchweizenpolenta mit einem Schneebesen einrühren und bei schwacher Hitze 15 Minuten garen, dabei häufig mit einem Holzlöffel umrühren, damit die Polenta nicht anbrennt. Zum Schluss den Käse würfeln und mit der Sahne unterrühren. Mit Salz und Pfeffer abschmecken.

PASTA UND HAUPTGERICHTE

Die bergigen Gebiete der norditalienischen Regionen Piemont und Lombardei haben einige besondere kulinarische Zutaten zu bieten. Neben feinen Alpkäsen sorgt der würzige Buchweizen für Aroma in Pasta, Polenta und Pfannkuchen. Außer Gnocchi im Piemont zählen vor allem Pizzocheri aus dem Veltlin *(Valtellina)*, die braunen Nudeln mit nussigem Geschmack, zu den Spezialitäten. Hier im Norden ist »Slow Food« zu Hause, die von Carlo Petrini gegründete Bewegung zum Erhalt traditioneller Lebensmittel, inzwischen weltweit aktiv. Mit der Aufnahme in die Arche Noah des Geschmacks *(Arca del Gusto)* trägt Slow Food zur Bewahrung vieler Produkte sowie alter Obst- und Gemüsesorten bei, in Italien gilt besondere Aufmerksamkeit auch den *grani tradizionali* – rund 500 alte, nur lokal verbreitete Sorten allein in Italien sind ein ungeheurer Schatz für die Biodiversität. Passagiere der Arche sind mit Grano saraceno della Valnerina, della Valtellina, di Terragnolo bereits drei Buchweizensorten.

Die Nudelrezepte beschränken sich jedoch keineswegs auf Italien, auch für slowenische Buchweizen-Ravioli oder Strudel *(štruklji)* wird aus Buchweizenmehl und Wasser ein Nudelteig hergestellt, mit süß oder salzig abgeschmecktem Quark/Topfen oder Frischkäse gefüllt, und gekocht oder gebacken.

Pizzocheri alla Valtellinese

Pasta und Kohl mögen sich durchaus, das beweist ein traditionelles Rezept aus der Lombardei, wo man Buchweizen seit dem 16. Jahrhundert anbaut. Die Buchweizennudeln, in der Lombardei mit einem geschützten IGP-Siegel versehen (Indicazione Geografica Protetta) sehen aus wie kurze, klein geschnittene Tagliatelle. Gegart mit Wirsing und Kartoffelwürfeln, serviert mit Butter und geriebenem Hartkäse ergeben sie ein gehaltvolles Gericht. Etwas leichter ist die Variante nur mit Butter, Salbei und geschmolzenem Fontina.

200 g Buchweizenmehl • 100 g Weizenmehl • Salz • 1 Ei • 300 g Wirsing • 200 g Bergkäse • 50 g geriebener Parmesan • 200 g festkochende Kartoffeln • 1 Knoblauchzehe • 80 g Butter • 8 Salbeiblätter • Pfeffer

Aus den beiden Mehlsorten, Salz, Ei und 4 Esslöffel Wasser einen Pastateig zubereiten und je nach Bedarf noch Wasser oder Mehl hinzufügen. Den Teil zu einer Kugel formen und 30 Minuten ruhen lassen, dann 3 mm dünn ausrollen und etwa 6 cm lange und 2 cm breite Stücke oder Fleckerl daraus schneiden und auf leicht bemehlten Geschirrtüchern ausbreiten.

Den Wirsing in Streifen, den Bergkäse in Würfel schneiden. Die Kartoffeln schälen und in große Würfel schneiden. In einem Topf Salzwasser zum Kochen bringen und die Kartoffelwürfel darin bei mittlerer Hitze 20 Minuten garen, nach der Hälfte den Wirsing zugeben. In einem zweiten Topf Wasser erhitzen und die Nudeln darin etwa 5 Minuten kochen. Den Knoblauch schälen und fein hacken. In einer Pfanne die Butter zerlassen und den Knoblauch und den Salbei darin anschwitzen. Kartoffeln mit Wirsing und Nudeln abgießen und in die Pfanne geben. Mit den beiden Käsesorten vermischen und heiß servieren.

Crozets savoyards

Auch der Nachbar Frankreich liebt Pasta! Aus Savoyen stammt das Rezept für kleine quadratische Buchweizenteigwaren mit Speck, Schinken und Käse. Ihre Form sollen die Nudeln schon seit dem 17. Jahrhundert haben: Vorbildlich wäre 2 Millimeter dünn ausgerollte Pasta mit 5 Millimeter Kantenlänge.

Für 2 Portionen

100 g Buchweizenmehl • 100 g Weizenmehl • 2 Eier • Salz • 1 Zweig frischer Rosmarin • 100 g gekochter Rosmarinschinken • 80 g durchwachsener Speck

In einer Schüssel das Mehl mit den Eiern und einer Prise Salz zu einem glatten Teig verkneten. Wenn er nicht geschmeidig genug wirkt, einen Teelöffel Wasser unterkneten, dann 2 Stunden kühlstellen. Anschließend eine Arbeitsfläche mit etwas Mehl bestauben, den Nudelteig dünn ausrollen und erst in dünne Streifen schneiden, diese dann in kleine Quadrate. Etwas antrocknen lassen, dann kleben sie beim Garen nicht zusammen. In einem Topf mit kochendem, gesalzenem Wasser die Nudeln 5 Minuten garen, dann abgießen. Den Rosmarin sehr fein hacken, den gekochten Schinken und den Speck in Würfel schneiden. In einer Pfanne den Speck und den Rosmarin anschwitzen, die Nudeln darin schwenken, dann den gekochten Schinken unterheben und servieren.

Schwarzplentene

Südtiroler Buchweizenknödel

Buchweizenmehl, in Südtirol Schwarzplentn oder Schwarzblendmehl genannt, dient nicht nur zur traditionellen Nudelproduktion, »Schwarzblendmus« gab es für Mann und Knechte, wenn diese von ihrer schweren Arbeit auf dem Feld oder aus dem Stall zurückka-

men. Buchweizenknödel, ebenfalls eine typische Südtiroler Bauernkost, hatten wiederum als Resteverwertung für Brot einen festen Platz in der Küche. Sie schmecken sehr gut als Einlage in einer Rinderkraftbrühe oder Pilzsuppe, aber auch als Hauptgericht mit Pfifferlingen/Eierschwammerln in Sahne-/Oberssauce. Vegetarier:innen lassen einfach den Speck weg oder stecken vor dem Kochvorgang einen Würfel Bergkäse in die Knödel.

300 g Roggenbrot • 250 ml Milch • 2 Eier, verquirlt • 1 Zwiebel • 100 g durchwachsener Speck • 2 EL Butter plus mehr zum Servieren • 150 g Buchweizenmehl • ½ TL Salz • ½ Bund Schnittlauch in Röllchen

Das Brot würfeln und in eine Schüssel geben. Die Milch darübergießen und die Eier untermischen. Die Zwiebel schälen und würfeln, den Speck ebenfalls würfeln. In einer kleinen Pfanne die Butter zerlassen und die Zwiebel und den Speck darin anschwitzen, dann zur Brotmasse geben. Mit dem Buchweizenmehl vermengen, falls die Masse zu trocken erscheint, noch etwas Milch dazugeben. Die Masse 30 Minuten ruhen lassen. Nun mit nassen Händen kleine Knödel formen. In einem großen Topf Salzwasser zum Kochen bringen, die Knödel hineingeben und 15 Minuten sanft köcheln, dafür die Temperatur herunterstellen. Als Test zuerst einen Probeknödel zubereiten. Falls er zerfällt, noch etwas Buchweizenmehl unter die Masse mischen. Die Knödel auf Tellern anrichten, mit zerlassener Butter beträufeln und mit Schnittlauch garnieren. Dazu passt ein gemischter Blattsalat, die Knödel eignen sich aber auch als Beilage zu Fleisch- oder Fischgerichten und schmecken in einer kräftigen Rinderbouillon.

Slowenischer Buchensterz

Da es in Slowenien viel Buchweizen gibt, ist dieser eine beliebte Zutat, sogar das slowenische Nationalgericht *Ajdovi žganci*, früher ein Arme-Leute-Essen, wird aus Buchweizenmehl gemacht. Ebenso war der Buchweizensterz in manchen Regionen Österreichs, etwa in Kärnten und der Steiermark, als Hadn- oder Heidensterz ein traditionelles Gericht. Für den Geschmack sorgt Fett, viel zerlassene Butter etwa. Kam der Sterz »abgeschmalzen« auf den Tisch, fügte man Grammeln (Speckgrieben) und etwas flüssiges Schmalz hinzu. Traditionell wurde der Sterz zu einer Kalbfleisch- oder Klachelsuppe (Schweinshaxensuppe) serviert.

1 TL Salz • 300 g Buchweizenmehl • 3 EL Schmalz • 100 g Speckwürfel

In einem Topf 750 ml Salzwasser aufkochen. In einer Pfanne das Buchweizenmehl bei mittlerer Hitze anrösten. Mit einem Holzkochlöffel das heiße Wasser portionsweise unter das Mehl rühren, bis ein großer Klumpen entsteht. Nur so viel Wasser verwenden, wie das Mehl aufnehmen kann. Die Masse mit einer Gabel in kleinere Klümpchen zerteilen und das Schmalz unterrühren. Bei kleiner Hitze mit aufgelegtem Deckel 20 Minuten quellen lassen, bei Bedarf noch etwas Wasser hinzufügen. Dann in einer weiteren Pfanne den Speck knusprig braten und den Sterz damit bestreuen.

Manfriguli
Gefüllte Buchweizenpfannkuchen

Im Ofen gebackene Buchweizenpfannkuchen schmecken auch mit einer Füllung aus Spinat oder anderem Gemüse, im Veltlin sind sie mit Käse eine klassische Resteverwertung für altbackenes Brot (*friguli* bedeutet Krümel).

Pfannkuchen: 1 EL Butter • 90 g Buchweizenmehl • 50 g Weizenmehl • ½ TL Salz • 2 Eier • 220 ml Milch • 1 EL neutrales Pflanzenöl
Füllung: 300 g altbackenes Brot • 100 ml Milch • 200 g Sahne/Obers • 300 g würziger Hartkäse • 2 EL gehackte glatte Petersilie • Salz • Pfeffer • 1 Prise geriebene Muskatnuss

Zum Backen: 4 EL Butter • 100 ml Milch

Für die Pfannkuchen die Butter zerlassen. In einer Schüssel die beiden Mehlsorten mit Salz, Eiern, Milch und Butter verrühren. Den Teig 30 Minuten ruhen lassen.

In einer Pfanne das Öl erhitzen, eine Kelle Teig hinein geben, durch Schwenken verteilen und bei mittlerer Hitze backen, dann wenden und auf der anderen Seite backen. Herausheben und auf einem Teller beiseitestellen. Aus dem restlichen Teig weitere Pfannkuchen backen. Den Backofen auf 200 °C vorheizen und eine ofenfeste Form mit 1 EL Butter einfetten. Für die Füllung das Brot in kleine Würfel schneiden und in eine Schüssel geben. Die Milch und die Sahne/das Obers hinzufügen. Den Käse reiben und mit der Petersilie unter die Brotmasse mischen. Die Füllung mit Salz, Pfeffer und Muskatnuss abschmecken. Die Pfannkuchen mit der Füllung bestreichen, aufrollen und schräg in 4 cm breite Stücke schneiden. Mit einer Schnittfläche nach oben in die Form stellen, 3 Esslöffel Butter in Flocken darauf verteilen, die

Milch in die Form gießen und die Manfriguli im Ofen auf der mittleren Schiene 20 Minuten backen.

Kaszotto
Buchweizen-Risotto

Kascha ist in Osteuropa eine Frühstücksspeise, doch trotz der süßen Varianten, die klassischerweise morgens serviert werden, eignet sich gekochter Buchweizen auch als Hauptgericht, passt als herzhafte Beilage gut zu gebratenen Pilzen oder gegrilltem Hähnchenfleisch oder als Füllung in Kohlrouladen. Gekocht benötigt Buchweizen genau wie Reis Wasser oder Brühe im Verhältnis 2:1 und als Garzeit etwa 20 Minuten. Zubereitet wie ein Risotto kann Kaszotto als Beilage dienen, serviert man dazu gebratene braune Champignons, geröstete Zwiebelringe, gehackte Petersilie und saure Sahne/Sauerrahm, ergeben die Körner ein köstliches vegetarisches Hauptgericht.

Für 2 Portionen

2 Schalotten • 1 Knoblauchzehe • 1 Möhre • 1 Petersilienwurzel • 1 Stange Staudensellerie • 2 EL Olivenöl • 100 g gerösteter Buchweizen • 250 ml Hühner- oder Gemüsebrühe • 1 EL frische Thymianblättchen • 50 g geriebener Parmesan • Salz • Pfeffer

Schalotten, Knoblauch, Möhre und Petersilienwurzel schälen und fein hacken. Staudensellerie in dünne Scheibchen schneiden. In einem Topf das Olivenöl erhitzen, das Gemüse hinzufügen und unter Rühren 5 Minuten anschwitzen. Den Buchweizen hinzufügen und weitere 5 Minuten garen. Eine Schöpfkelle Brühe zufügen und unter Rühren einkochen lassen. Dies kellenweise wiederholen, bis der Buchweizen nach 20–25 Minuten bissfest ist. Die Thymianblättchen und den Parmesan unterrühren. Mit Salz und Pfeffer abschmecken.

Buchweizensalat mit Walnüssen und Kräutern

Für diesen Salat mit frischen Kräutern wird der nussig schmeckende Buchweizen wie Reis zubereitet. Roter Camargue-Reis aus Frankreich oder schwarzer Venere-Reis aus Italien könnten ihn auch gut ersetzen, daneben eignen sich grober Bulgur oder die sardische Pastasorte Fregola in Form kleiner Kügelchen als Buchweizenersatz. Umgekehrt lassen sich leicht viele weitere (Salat) Ideen finden, wenn man Reis- oder Bulgur-Rezepte mit Buchweizen abwandelt. Der Salat ist recht sättigend, als Vorspeise oder Beilage reicht er für 4 Portionen, als Hauptspeise für 2 Personen.

100 g Buchweizen • Salz • ½ TL Fenchelsamen • ½ TL Kreuzkümmelsamen • 60 g Walnusskerne • 1 Zwiebel • 2 Zehen Knoblauch • 2 Stangen Staudensellerie • 4 EL Olivenöl • 2 EL Kalamansi-Essig • 2 EL Zitronensaft • Pfeffer • ½ Knolle Fenchel (circa 200 g) • 2 Bund Schnittlauch • 3 Stängel frische Minze • ½ Bund glatte Petersilie • Abrieb von ½ unbehandelten Zitrone (nach Belieben)

Den Buchweizen kurz in einem Sieb unter kaltem Wasser waschen. Buchweizen und Wasser im Verhältnis 1:2 aufkochen, dann den Topf zudecken, salzen und bei geringer Hitze 15 Minuten quellen lassen, dann in eine Salatschüssel geben.

Inzwischen in einer kleinen Pfanne bei mittlerer Hitze die Fenchelsamen und den Kreuzkümmel (ohne Fett) rösten, bis sie duften, dann im Mörser fein zerstoßen. In der trockenen Pfanne die Walnusskerne kurz rösten und zum Buchweizen geben. Die Zwiebel und den Knoblauch schälen und fein hacken. Den Staudenselle-

rie ebenfalls fein hacken. Die Hälfte des Olivenöls in die Pfanne geben und bei mittlerer Hitze Zwiebel, Knoblauch und Staudensellerie 3 Minuten dünsten, dann zum Buchweizen geben. Gemahlene Gewürze, Essig, Zitronensaft, das restliche Öl, Salz und Pfeffer hinzufügen und den Salat gründlich mischen. Den Fenchel vom Strunk befreien, fein hobeln und zum Buchweizen geben. Den Schnittlauch in Röllchen schneiden, die Minz- und Petersilienblättchen abzupfen und fein hacken. Die Kräuter unter den Salat heben, nach Belieben auch etwas abgeriebene Zitronenschale.

Buchweizensalat mit Dicken Bohnen

50 g Buchweizen • 500 g frische Dicke Bohnen • ½ kleiner Fenchel • 1 Stange Staudensellerie • 4 Radieschen • ½ Bund glatte Petersilie • Saft von ½ Zitrone • 2 EL Walnussöl • Meersalz • Pfeffer • 75 g Schafskäse

Den Buchweizen in einem Sieb abspülen. In einem Topf mit Wasser im Verhältnis 2:1 aufkochen, die Temperatur herunterstellen und 15–20 Minuten köcheln, bis der Buchweizen das gesamte Wasser aufgenommen hat. Die Körner sollen noch bissfest sein. Abgießen und abkühlen lassen.

Inzwischen die Bohnenkerne aus ihren Hülsen lösen und in kochendem Wasser 3–5 Minuten garen, dann aus ihren Häutchen drücken. Den Fenchel und den Staudensellerie fein hacken. Die Radieschen in dünne Scheiben schneiden. Die Petersilie fein hacken. Alle Salatzutaten bis auf den Schafskäse vermischen und 10 Minuten ruhen lassen. Zurückhaltend salzen, da der Schafskäse schon salzig ist. Den Schafskäse grob zerkrümeln und den Salat damit servieren.

Gomasio
Buchweizen-Topping

Wenn man die Buchweizenkörner ohne Fett in der Pfanne röstet, werden sie so knusprig wie Krokant. Als knuspriges Topping kann man die kleinen Nüsschen dann über Salate, Müsli oder Porridge streuen. Neben der Verwendung pur macht besonders diese geröstete Würzmischung Salat, Ofengemüse und Gemüsesuppen etwas raffinierter und gibt ihnen Textur – inspiriert vom japanischen Gomasio, einer Würzmischung aus Salz und geröstetem Sesam.

4 EL Buchweizen • 2 EL Sesamsamen • 1 EL Sonnenblumenkerne • 1 TL Fenchelsamen • 1 TL Meersalz oder Fleur de sel • 1 EL Olivenöl • 1 EL Ahornsirup oder Honig

In einer kleinen Pfanne Buchweizen, Sesam, Sonnenblumenkerne und Fenchelsamen rösten, bis sie anfangen zu knistern, dann das Salz, das Öl und den Sirup oder Honig einrühren und die Pfanne vom Herd nehmen. Abkühlen lassen. In einem luftdicht verschließbaren Glas hält sich das Topping zwei bis drei Wochen.

Körner und Süßes schließen einander nicht aus, das zeigen nicht nur Frühstücksrezepte wie Porridge und Knödel mit Kompott, sondern auch Kärntner und Südtiroler Buchweizentorten. Weil es glutenfrei ist, ihm also das Klebereiweiß fehlt, ist das grauweiße Buchweizenmehl allein nicht ganz einfach zu verbacken – für Brote, Nudelteig und Gebäck ist es daher empfehlenswert, dem Buchweizen andere Mehle beizumischen (entweder klassische Getreidesorten oder auch Johannisbrotkernmehl oder Sojamehl).

Da das Korn keine unterschiedlichen Bestandteile hat, gibt es auch keinen Ausmahlungsgrad. Buchweizenmehl ist im Prinzip also immer Vollkornmehl, für manche Rezepte wie für Knödel empfiehlt sich nur ein etwas gröberer Mahlgrad. Da das Korn nicht besonders hart ist, kann es sogar in haushaltsüblichen Kaffee- oder Getreidemühlen gemahlen werden. Mit selbst gemahlenem oder fertig gekauftem Mehl lassen sich Rührkuchen, Teigböden für Obstkuchen oder andere Leckereien kreieren.

Buchweizenknödel mit Marillenröster

In Österreich werden Zwetschgenröster, Blaubeerkompott oder Aprikosen, die dort Marillen heißen, gern zu Palatschinken oder Schmarren serviert. Das Land ist für sein reiches Repertoire an süßen Mehlspeisen bekannt, da überrascht es nicht, dass es für süße Knödel auch Rezepte aus Buchweizenmehl gibt.

Marillenröster: 600 g Aprikosen/Marillen • 75 g Zucker • 1 Päckchen Vanillezucker • 1 Prise Zimt • 10 ml Marillenbrand (alternativ Rum)

Knödel: 500 ml Milch • 1 Prise Salz • 150 g Buchweizenmehl • 3 EL Honig • 1 Eigelb • 3 EL zimmerwarme Butter

Die Aprikosen/Marillen halbieren und vom Stein befreien. In einem Topf 100 ml Wasser erhitzen und den Zucker darin auflösen. Die Aprikosen/Marillen 10 Minuten darin köcheln, dann den Zimt und den Marillenbrand unterrühren und abkühlen lassen.

In einem kleinen Topf die Hälfte der Milch aufkochen und das Buchweizenmehl mit einem Schneebesen einrühren. Bei niedriger Hitze 15 Minuten quellen lassen, dann in eine Schüssel umfüllen. Den Honig, das Eigelb und die Butter unterrühren. In einem kleinen Topf die restliche Milch erhitzen. Aus der Masse mit nassen Händen kleine Knödel formen und 10 Minuten in der heißen Milch garziehen lassen. Mit einem Schaumlöffel herausheben und warm mit dem Marillröster servieren.

Kärntner Hadntorte mit Grantenschleck

Für einen Buchweizenrührkuchen mit gemahlenen Haselnusskernen und Mandeln und einer Füllung aus rotem Johannisbeergelee, eingekochten Preiselbeeren oder Blau-/Heidelbeer-Konfitüre gibt es einander ähnelnde Rezepte – als Südtiroler Schwarzplententorte und Torta di grana saraceno – im Trentino und Südtirol. Aus dem Kärntner Jauntal stammen die ältesten Erwähnungen des Buchweizens in Österreich, und der Jauntaler Hadn zählt dort zu den traditionellen Lebensmitteln, aus dem

auch Palatschinken und Nudeln hergestellt werden. Der Verein *Wir lad'n zum Had'n* setzt sich engagiert dafür ein, dem rückläufigen Buchweizen-Anbau gegenzusteuern.

250 g Butter plus mehr für die Form • 200 g Zucker • 6 Eier, getrennt • 250 g Buchweizenmehl • 250 g gemahlene Mandeln • 1 Päckchen Vanillezucker • 1 Glas Preiselbeeren (Grantenschleck)

Zum Servieren: Puder-/Staubzucker • Schlagsahne/ -obers (nach Belieben)

In einer Schüssel die Butter mit 150 g Zucker und den Eigelben schaumig rühren. Mehl, Mandeln und Vanillezucker dazugeben und vermischen. Den Backofen auf 180 °C vorheizen. Das Eiweiß mit dem restlichen Zucker zu steifem Schnee schlagen. Den Eischnee vorsichtig unter den Teig heben, in eine gefettete Springform (26 cm) füllen und im Ofen 1 Stunde backen.

Den Kuchen auskühlen lassen, aus der Springform lösen und quer durchschneiden, am besten mit einem Faden, sodass zwei Böden entstehen. Den unteren Boden mit den Preiselbeeren bestreichen und den zweiten Boden daraufsetzen. Die Hadntorte mit Puder-/Staubzucker bestreuen und mit Schlagsahne/-obers servieren.

Zwetschgenkuchen

Im Herbst ist Zwetschgenzeit! Doch die blauvioletten Früchte müssen nicht immer auf Hefeteig landen, sondern machen sich auch gut zu mit Haselnüssen verfeinertem Mürbeteig und Quarkfüllung.

Mürbeteig: 100 g Buchweizenmehl • 100 g Weizenmehl • 50 g Speisestärke • 1 TL Backpulver • 140 g Butter • 1 Ei • 100 g Puder-/Staubzucker • 50 g gemahlene Haselnüsse • ½ TL Zimt

Füllung: 500 g Zwetschgen • 50 g zimmerwarme Butter • 2 Eier • 80 g Puder-/Staubzucker • abgeriebene Zitronenschale • 1 Päckchen Vanillezucker • 250 g Quark/Topfen • 1 EL Speisestärke

Zum Servieren: Zimt-Zucker-Mischung • Schlagsahne/-obers (nach Belieben)

In einer Schüssel beide Mehlsorten, Speisestärke und Backpulver vermischen. Mit der Butter und dem Ei zu einem Teig verkneten, dann Puder-/Staubzucker, Haselnüsse und Zimt unterkneten. Den Teig 1 Stunde in den Kühlschrank stellen.

Für die Füllung die Zwetschgen vom Stein befreien. In einer Schüssel alle weiteren Zutaten verrühren. Den Backofen auf 180 °C vorheizen. Den Teig ausrollen und eine Springform mit 28 cm Durchmesser damit auskleiden, dabei einen 3 cm hohen Rand vorsehen. Den Teig mehrmals mit einer Gabel einstechen und die Quark-/Topfenfüllung darauf verteilen. Die Zwetschgen hineindrücken und den Kuchen im Ofen 40 Minuten backen. Nach Belieben mit einer Zimt-Zucker-Mischung bestreuen und mit Schlagsahne/-obers servieren.

Far breton au sarrasin
Bretonischer Eierkuchen

Bei dieser bretonischen Spezialität, die aussieht wie ein Käsekuchen, aber eher puddingartig ist und einem Flan ähnelt, herrscht keine Einigkeit darüber, ob nun Pflaumen hineingehören oder nicht. Der Legende nach haben ihm erst die Freibeuter aus Saint-Malo noch Rum, Vanille und Trockenpflaumen hinzugefügt – von den erbeuteten Schiffen.

5 Eier • 175 g Zucker • ½ TL Salz • 220 g Buchweizenmehl • 1 l Milch • 200 g Sahne/Obers/Obers • 30 g gesalzene Butter plus mehr für die Form, mit Raumtemperatur

In einer Rührschüssel Eier, Zucker und Salz schaumig aufschlagen, dann Mehl, Milch, Sahne/Obers und Butter nach und nach unterrühren. Den Backofen auf 220 °C vorheizen. Eine runde Springfom mit 26 cm Durchmesser buttern und mit etwas Mehl bestauben, dann den Teig hineingeben. Im Ofen 30 Minuten backen, dann im ausgeschalteten Ofen den Kuchen noch 20 Minuten ruhen lassen.

Für eine Version mit Pflaumen 200 g Backpflaumen über Nacht in 150 ml Rum einweichen und abgetropft in die Springform geben, dann den Teig darüber geben.

Štruklji

Slowenischer Quarkstrudel

Anders als der österreichische Topfenstrudel wird der süße slowenische Strudel nicht im Ofen gebacken, sondern gekocht. Wie so häufig bei Traditionsrezepten hat jede Familie eigene Štruklji-Rezepte – die einen lieben eine Füllung mit Walnüssen, andere schwören auf Quark/Topfen oder Beerenfrüchte.

Für den Teig: 180g Buchweizenmehl • 160 g Weizenmehl plus mehr für die Arbeitsfläche • 1 Ei • 1 Prise Salz

Für die Füllung: 250 g Sahnequark/fetter Topfen • 100 g saure Sahne • 1 Päckchen Vanillezucker • 50 g Puderzucker • 3 EL zimmerwarme Butter

Zum Backen und Servieren: 4 EL zimmerwarme Butter • 4 EL Semmelbrösel • 2 EL Zimt-Zucker-Mischung

Für den Teig das Mehl auf die Arbeitsfläche häufen. In die Mitte eine Mulde drücken und das Ei, 125 ml Wasser und Salz hineingeben. Alles zu einem glatten Teig verkneten, zu einer Kugel formen, in eine Schüssel legen und bedeckt eine Stunde ruhen lassen.

Für die Füllung alle Zutaten verrühren. Den Teig auf einer mit Mehl bestaubten Arbeitsfläche dünn ausrollen, mit der Hälfte der Butter bestreichen und gleichmäßig mit der Hälfte der Semmelbrösel bestreuen. Die Füllung daraufstreichen.

Die Teigplatte aufrollen und in gleichmäßige Stücke schneiden. Die Ränder der einzelnen Stücke mit den Zinken einer Gabel zusammendrücken. In einem großen Topf leicht gesalzenes Wasser zum Kochen bringen,

die Strudelstücke in ein Tuch wickeln und 15 Minuten darin kochen.

In der Zwischenzeit für die Butterbrösel die restliche Butter zerlassen und die restlichen Semmelbrösel darin goldbraun rösten. Etwas abkühlen lassen und die Zimt-Zucker-Mischung einrühren. Die gegarten Štruklji aus dem Tuch lösen, auf Teller verteilen, mit der Bröselmasse bestreuen und frisch servieren.

DIE AUTORIN

Gabriele Kalmbach lebt in Köln und der Bretagne. Sie arbeitet als Autorin von Reiseführern sowie Übersetzerin und Redakteurin von Kochbüchern. Zu Hause kocht sie vorwiegend vegetarisch, was sich auch in der Auswahl der Buchweizen-Rezepte für dieses Buch spiegelt. Fisch- und Fleischliebhaber werden trotzdem fündig, denn statt als Hauptgericht eignen sich viele Buchweizenrezepte vorzüglich als Beilage.

LITERATURANGABEN

Honoré de Balzac: Der Landarzt, übersetzt von Paul Hansmann, Quelle: Projekt Gutenberg (www.projekt-gutenberg.org/balzac/landarzt/landarzt.html)

Fernand Braudel: Sozialgeschichte des 15.–18. Jahrhunderts: Der Alltag, Kindler Verlag, München 1985

François-René de Chateaubriand: Kindheit in der Bretagne, übersetzt von Karl-Heinz Ott, Hoffmann und Campe, Hamburg 2018

Rainer Maria Rilke: Worpswede. Monographie einer Landschaft und ihrer Maler (1903), Insel Taschenbuch, Frankfurt 2019

Hans Gerlach: Buchweizenstraße und Knödelkorridor, in: Alpenküche. Genuss und Kultur, Gräfe & Unzer Verlag, München 2007

Dominik Flammer, Sylvan Müller: Das kulinarische Erbe der Alpen, AT Verlag, Aarau 2012

François Régis-Gaudry: Die Gourmet-Bibel Frankreich, Christian Verlag, München 2021

François Régis-Gaudry: Die Gourmet-Bibel Italien, Christian Verlag, München 2022

Olia Hercules, Mamuschka. Osteuropa kulinarisch neu entdecken, Dorling Kindersley Verlag, München 2015

Internet

www.ateliercrepe.com

www.bmel.de

www.blenoir-bretagne.com

www.buchweizen-infos.de

www.hadn.info

https://vovworld.vn/de-DE/tags/buchweizen.vov

Buchweizen – eine alte Art für neue Zeiten: https://www.youtube.com/watch?v=A3X3lbNzWag

Buchweizen: https://www.youtube.com/watch?v=cR8jbCmqRF8

Buchweizenmehl – der vergessene Klassiker: https://gutemehle.info/buchweizenmehl/

Alte Getreidesorten: www.slowfood.it/slow-grains/grani-tradizionali-slow-grains/

REZEPTVERZEICHNIS

mandelbaums *kleine gourmandisen*

Jeweils 60 Seiten | Euro 14,– | Gebunden

APFEL
ARTISCHOCKE
AVOCADO
BANANE
BASILIKUM
BIRNE
BUCHWEIZEN
CHILI
DATTEL
ERBSE
ERDNUSS
FEIGE
FENCHEL
GRANATAPFEL
GURKE
HASELNUSS
HEIDELBEERE
HOLUNDER
JOHANNISBEERE
KAKAO
KARFIOL BLUMENKOHL
KAROTTE MÖHRE
KICHERERBSE
LAVENDEL
MANDEL
MANGOLD
MARILLE APRIKOSE
MARONE ESSKASTANIE

MELANZANE AUBERGINE
MOHN
MORCHEL
ORANGE
PASTINAK
PISTAZIE
QUITTE
RADICCHIO
RHABARBER
ROSMARIN
ROTE RÜBE ROTE BETE
SAFRAN
SALBEI
SELLERIE
SESAM
SPARGEL
STEINPILZ
TAFELTRAUBE
TOMATE
THYMIAN
VANILLE
WALNUSS
WEICHSEL SAUERKIRSCHE
ZIMT
ZITRONE
ZUCCHINI
ZWIEBEL